Poemas Errantes

Gladys Depoveda

Reservados todos los derechos. No se permite la reproducción total o parcial de esta obra, ni su incorporación a un sistema informático, ni su transmisión en cualquier forma o por cualquier medio (electrónico, mecánico, fotocopia, grabación u otros) sin autorización previa y por escrito de los titulares del copyright. La infracción de dichos derechos puede constituir un delito contra la propiedad intelectual.

Ibukku es una editorial de autopublicación. El contenido de esta obra es responsabilidad del autor y no refleja necesariamente las opiniones de la casa editora.

Publicado por Ibukku
www.ibukku.com
Diseño y maquetación: Índigo Estudio Gráfico
Diseño de portada: Carlos
Copyright © 2018 Gladys Depoveda
ISBN Paperback: 978-1-64086-287-6
ISBN eBook: 978-1-64086-288-3
Library of Congress Control Number: 2018966654

ÍNDICE

INCERTIDUMBRE	9
INTERVALO	12
ROMANZA CAMPESTRE	13
NASCAR	14
MI POESÍA	15
INSPIRACIÓN	16
REFLEXIÓN	17
EXTRAÑÁNDOTE	18
ANSIEDAD	19
AMOR PEREGRINO	20
REALIDAD	21
EL OLIVO	22
ALEGORÍA DE LA VIDA	23
LA LIBERTAD	25
CONVIVENCIA	27
ENCOMIO	28
EL AGUA	29
LA SONRISA	30
LA PLAYA	31
OPTIMISMO	32
DÍA DE GRACIAS	33
LOS AEROPLANOS	34
LOS HERVÍBOROS	35
CIELO NÍTIDO	36
LA SÍLICE	37
LA ESPUMA	38
LAS OLAS	39
REVIVIENDO EL PASADO	40
EL HADO	41
EPOPEYAS MARCIALES	42
LAS ILUSIONES	43
DESTINO	44
DÍA DE ENSUEÑO	46
UN AMANECER	47
TABERNÁCULO	48
EL DESPERTAR	49
EL SOL	50
PARAJES ALESTES	51
AMBIENTE TROPICAL	53

LA RUTINA DEL TIEMPO	54
CILAMPA	55
LAS AVES	56
LA TEMPESTAD	57
NUESTRO ENCUENTRO	58
TU ALBORADA	59
CELEBRANDO TU CUMPLEAÑOS	60
ALADAS ILUSIONES	61
DIOS	62
MEDITACIÓN	63
LA DIARIA ZAGA	64
TU RECUERDO	65
EL CIELO	66
HILOS LUMINOSOS	67
SONRISA DE LOS NIÑOS	68
LA AMISTAD	69
EL MAR	70
LA TELEVISIÓN	71
EL AROMA	72
LOS RÍOS	73
AMENIDAD	74
DELICIAS DE LA NIÑEZ	75
TABERNÁCULO	77
EL DEVANAR DE LA TARDE	78
ANHELOS	79
HONOR A MI PADRE	81
LOS DROMEDARIOS	82
EL EMPIRIO	83
COLECTORES DE RESIDUOS	84
LA INFANCIA	85
LA AMAPOLA	86
VIVENCIAS	87
REFLEJOS	88
HELAJE	89
LAS FILIGRANAS	90
DEMARCADOS HORIZONTES	91
CONSPIRACIÓN	92
HEROICA ODISEA	93
SUTIL EMOCIÓN	94
RUTAS CÁLIDAS	95
PERDURABLE AMISTAD	96
SORTILEGIO DE LA REALIDAD	97

CALENDARIO	98
DESPLIEGUE POLICROMADO	99
UMBRÍA DE REALIDAD	100
LA NIÑEZ	102
RECUERDOS DEL PASADO	103
PREDESTINADOS	104
PRISTINOS VERSOS	106
A TRAVÉS DE MI VITRAL	107
FLORES DEL PASADO	108
JURAMENTO DE DEVOCIÓN	109
ELUCUBRACIONES	111
RECUERDOS INFANTILES	112
FRUSTRADAS ILUSIONES	113
PRIVACIDAD	114
PLEGARIA	115
UN NUEVO DÍA	116
OPTIMO IDEAL	117
ENFORZADORES DE LA LEY	118
AGENDA DE INSPIRACIÓN	120
VAGUEDAD	121
ESTAMPAS CAMPESTRES	122

*Las emociones
Reflejadas en
Giros poéticos que plasman el
Vuelo de la inspiración, con visos
De fantasía deleitando el devanar
Del engranaje del tiempo. Surcan
Edénicos parajes y se remansan en
Epopeyas oníricas.*

INCERTIDUMBRE

Nada más obnubilante
Que descorrer el velo
De lo incierto.
Premonición del futuro
Esperanza en el incognito.
Forjar una ilusión,
Una visión del devenir.
Florescencia de capullos
En la primavera.
Mensaje del paso
De las horas,
En el devanar de una
Clepsidra.
Reflejo de vivencias
En el espejo de la memoria.
La armonía de una sonrisa
Al contemplar el carruaje
Del tiempo
¿Qué nos traerá el fervor
De la mañana?
¿Cuando el día
Despierte
Y se escuchen murmullos
De la aurora?
¿Las aves gorjeen
Y serenen la floresta?
¿La neblina se eleve
Como un rumor acariciante?
¿Las cascadas entonen
Los himnos de la
Madrugada?
¿El sol destelle

Los primeros
Tímidos flecos de su luz?
¡Oh! ¿Cuándo el día
Sorprenda refulgente
Levantando su faz
Desafiando el panorama
De la realidad?
¿Brotarán flores de alegría
En los vergeles del destino?
Fervientes plegarias
Irrumpan la monotonía
De las rutinas.
Que haya un hito
En la violencia.
Que amainen las
Desavenencias;
Y cesen las tormentas
En el ímpetu
De humanos desvaríos.
La Paz ilumine
La fimbria de los sueños.
El sol galante
Brille en el zenit.
Cual viajero de la suerte
Pasajero sin rumbo,
Que preside la ruta
De la humanidad.
Bermellones de color
Tachonan su celeste amigo.
En el escenario de la vida
Desfilan gendarmes del suspenso
Marchando al ritmo
De la expectación.
En el interín de su misión
El sol contempla

Paisajes siderales;
El crepúsculo asoma,
Tenues faros parpadean
En el poniente con
Tonos versicolor.
La tarde esta somnolienta,
Descansando su silueta
En la noche.
La cual espera la rendición
De sus vasallos,
Para entretenerlos
Con estrellas titilantes
E irídeas de luz,
Y arrullarlos con
El eco del silencio.

INTERVALO

Cesa la lluvia,
Placidez infinita;
El cielo acongojado
Lamenta el paso
De la tempestad.
El sol se esconde
Tras de las nubes
Entreteniendo su
Fantasía
Prometiendo
Continuar su jornada.
La naturaleza
Parece despertar
De un sueño airado.
Los árboles se han
Despojado del ropaje.
Los henchidos ríos
Rugen
Desbordando su cauce
Canta la expectativa
Con melodiosa
Sinfonía.
Arrullos de la
Emoción
Celebrando
Expectante interludio.

ROMANZA CAMPESTRE

Refulgentes aves
Que remontan las montañas
En su altivo vuelo,
Parecen sirenas
De la inmensidad.
Despiertan el panorama
Con el eco
De sus dianas
Evocan el cielo con su gorjeo.
Engalanan irisadas florestas;
Arrogantes colinas
La llanura
Tapizando el suelo fértil.
Vergeles en flor;
Pedregales desiertos;
Árboles milenarios
Saboreando su estancia;
Aguas cristalinas
Celebrando su
Libertad.
Recorriendo los paisajes,
En busca de su estuario.
Hogares protegiendo
Los sueños de la
Humanidad.
La entidad
Del futuro.

NASCAR

Inciertos pasajeros
Del destino,
Conducen sus naves
Con destreza.
Recorren la vía
Cual saetas veloces.
A cada paso que dan
Es un riesgo a la vida.
Son almas gemelas
Los compañeros de la suerte.
Siguen las huellas
De la incertidumbre.
Transcurren horas
De suspenso.
Vibra la expectativa;
Exulta la emoción;
Desafía el incognito.
Danzan los ideales
Al parecer inalcanzables
Surcan el infinito;
Conquistan el horizonte;
Escalan el pedestal
Del triunfo.

MI POESÍA

Una obsesión
Mistifica mi alma
Fluye en mi pensamiento
Como cascadas
Danzarinas.
Doquiera que yo voy
Está conmigo.
Me conduce por
Caminos elusivos
De mágico esplendor;
Surca planicies sin fin
Escarpa montañas
Inmensurables
Recorre campiñas encantadas
Aparece en atardeceres
Fantasmagóricos.
Navega por mares
Serenos o rugientes.
Me sumerge
En las profundidades
De la inspiración
Y me obnubila.

INSPIRACIÓN

Fantasía irradia
Ungida expresión.
Dejar florecer el pensamiento
En efusivas metáforas
De bullente colorido
Que reflejan
Un ámbito
De emociones
E imprimen el sello
Del alma.
Cantando al amor,
A una ilusión
Que se deshoja.
A un ideal
Surcando
Los confines
Del desafío.
Infinito resplandor
Que ilumina
La senda.

REFLEXIÓN

Una flor brotó
Inesperada
En el jardín
De mis ilusiones.
Era fresca
Cual gota de rocío.
Destacaba en el
Vibrante
Eco de color
De los anhelos.
Sus pétalos tersos
Copiaban
La placidez de
Una nueva esperanza
Y decoraban
El devanar
Del pensamiento.
Con ella se sellarán
Las huellas
De ignotas fantasías.

EXTRAÑÁNDOTE

¿Has soñado conmigo?
Hace tanto tiempo
De ilusiones frustradas;
Sueños acariciados;
Remembranzas del ayer.
¿Cómo poder
Cruzar mi destino
Sin tenerte?
Solamente con
Recuerdos que se
Agolpan como
Colmenas de la miel,
Que dan auge
A la existencia,
Y adornan mi vivir
Cual flores del edén.
Copiando
Dicroico resplandor
Son rayos que iluminan
La oscuridad
De tu ausencia.

ANSIEDAD

Nadie sabe
Que te quiero.
Mi ansiedad se inmola
En el secreto
De una ilusión.
Mi alma divaga
Por los confines
De un amor imposible.
Alados horizontes
Se ensombrecen
Con la realidad,
Que confronta el futuro.
La esperanza
Que palpita
En mi ser
Da auge al destino.
Acompañando
Mi ruta.
Desafiando el devenir
Iluminando el
Horizonte.

AMOR PEREGRINO

Cada navidad
Me trae
Tu recuerdo.
Cada Nuevo Año
Me arrulla
Tu voz.
En las primaveras
Florece tu amor
Con tersos pétalos,
Y delicada aroma.
En los veranos
La emoción
Da calor a mi alma.
Versicolor ilusiones
Colman los otoños
Cual capullos de
Fantasía.
El fervor
De mi anhelo
Diluye los
Copos de nieve
En los inviernos.

REALIDAD

¡Amor!, ¡Amor!
Que en tantas horas
Has acompañado
Mi destino
Inspirado mis pensamientos
Alegrado
Mis anhelos.
Eres sol
De mi vivir,
Perenne ilusión
Horizonte
Del devenir.
Tus sentimientos
Han rescatado
Mi velero
En mares tormentosos.
Son estrellas
De noches solitarias
En las que
Tu ausencia
Resuena en el eco
De mis quejas.

EL OLIVO

Heraldo de Paz
Creces bajo el abrigo
De soles complacientes
Y días vibrantes.
Es tu egida
La serenidad
Del cielo Hispano.
Te aferras a la
Fertilidad de las
Comarcas.
Las adornas
Con dorados capullos
Y apetitosas dádivas.
Fuente de delicado
Manjar.
Transeúnte de
Exquisita jornada
En los lares de la
Frugalidad.
Te hincas en la intimidad
De los hogares
Para inmolarte
En el rito
De los almazaras.
Tu longevo tallo
Se eleva orgulloso
Para contemplar
Los encinales
Y adornar la floresta.
Tus hojas sueñan
En la magnanimidad
De tu follaje.

ALEGORÍA DE LA VIDA

Después de una
Larga travesía
De amor y de ilusión,
En la que se consolida
Eterna unión,
Y brilla la esperanza:
Se descorre el velo
De lo inesperado.
Aparece cual
Núbil sueño
El escenario
De la vida.
Dríade encantada
Que se mece en el
Sublime regazo
Maternal.
Es un capullo
Vibrante
Que despierta
Enternecidas emociones.
Cultivado con
Exquisita solicitud,
Se desliza en
Trineos luminosos
Por sendas fugitivas,
Preparando el vuelo
Por la realidad.
Comienza la marcha
De la independencia;
Y asoma al
Vitral del aprendizaje.
Continúa asimilando

Experiencias,
Fraguando la
Personalidad.
Siguiendo caminos
Insólitos
Escarpa el destino,
Tejiendo el nicho
En la sociedad.
Realiza anhelos,
Tiende lazos
Sentimentales
Buscando el alma
Gemela
Que palpite
Al unísono
Para formar
Un hogar,
Y ver florecer
Primaveras de amor.
Colecta sorpresas
En su ruta;
Anhelos realizados,
Sonrisas, y alegrías;
O perlas de frustración.
Se desplaza por los
Eslabones del tiempo,
En la cascada de
Los años;
Hasta encontrar
El remanso de la
Senectud;
Atesorar el pasado,
Y coronarse con
Destellos platinados.

LA LIBERTAD

Canta ....Canta
La libertad.
La dulce lira
Que resuena en los
Confines de las
Relaciones humanas;
Desde la diana
En los amaneceres
Hasta la armonía
De la penumbra.
El sol que imbrica
Los rayos dorados
En cada retazo
Patrio.
Que ilumina los terruños
Desde el pináculo
De las montañas;
Hasta el remanso
De las sabanas.
Desde los desiertos
Hasta las florestas.
Del Nadir al Zenit.
Brisa que acaricia
El mar;
Las estepas solitarias;
Las ciudades florecientes;
Las llanuras sin fin.
Espejismo de
Confraternidad;
Oasis de entendimiento;
Parangón de determinación.
Símbolo que garantiza

La expresión
Sin barreras
De la humanidad.
Galardón de derechos;
Presea de la historia;
Reverenciada
En la epopeya del tiempo.

CONVIVENCIA

El respeto
A los derechos humanos
Es el paradigma
De la confraternidad.
La diana que canta
El florecer
De una amistad;
Perenne llama
Que flamea
Sentimientos pacifistas;
Bandera que
Enarbola la Paz.
Prevalece en todos
Los confines del orbe.
Semillas plantadas
En la infancia
Germinan al compas
De la personalidad.
Determina las relaciones
De confraternidad.
Desvanece las sombras
De la egolatría.

ENCOMIO

Dar alas
A los sueños.
Promover la
Prosperidad en los
Rincones del destino.
Ser prolijo
Con la necesidad.
Disipar las sombras
De los obstáculos,
Copilar un manojo
De advertencias.
Ser un destello
Que despeje
Las dudas.
Cultivar consejos
Acicalarlos con
Pétalos de entendimiento
Y esparcirlos
En el ámbito
De las amistades.
Iluminar las sendas
Decorarlas
Con caireles de persuasión.

EL AGUA

Néctar cristalino,
Desciendes en
Hilos platinados;
Envaneces las montañas
Formas remansos
En las sabanas.
Adornas tu ruta
Con riveras de ensueño.
Te adentras en la
Espesura
Y sigues estrías
Insólitas.
Bajo una techumbre
De follaje.
Recorres las distancias
Hasta encontrar
El mar,
Abrazar su oleaje,
Y descender
A profundidades
Abismales.

LA SONRISA

Hay ecos
Efusivos,
Musitan en
Arpegios de armonía,
Y danzan al
Ritmo de la alegría.
Espontanea expresión
De recóndita euforia.
Efímero sortilegio
Que cautiva la razón.
Paradigma de alborozo
Que enajena el alma.
Nada más emotivo
Que la espontaneidad
De una sonrisa
Y la cadencia
Del regocijo.
Lucen como
Rayos de esperanza
Que iluminan el despertar
De una constelación
De amenidad.

LA PLAYA

Paseando por la playa;
Palmeras ondulantes,
La brisa refrescante,
El mar reflejaba
Visos irisados.
Los pescadores
Descifrando los
Misterios marinos.
Los barcos acarreando
Conglomerado de
Perspectivas.
Se deslizan al
Vaivén de las olas
Por rumbos indefinidos;
Mecen miríadas
De quimeras.
Surcadas por aves
En raudo vuelo
Onírica fascinación
Circundas el croquis
Del poderío hídrico.

OPTIMISMO

Plegarias por
La unidad universal;
La cordialidad sea
Soberana
De la amistad.
Que haya armonía
En los hogares.
La concordia rija
Las relaciones
Humanas.
Se despejen las
Sombras de incomprensión.
La Paz ilumine
Los senderos,
Y en el horizonte
Brillen sorpresas
Halagüeñas.
La devoción
Contrarreste
Ideas disolutas
Dando vigor al heroísmo.
Se fragüen
Hazañas
Que persuadan
La realidad.

DÍA DE GRACIAS

Colorido despliegue
De alegría;
Vibrantes sonrisas;
Estrellas titilantes
De emotividad
En el santuario familiar.
Aderezo de viandas
Compartidas
Por lazos de
Confraternidad.
Guirnaldas de amor
Decoran el
Ámbito del hogar.
Lares recorridos
Para evocar memorias
Intercambiar quimeras.
Carruajes inspirados
En fábulas desfilan
Entreteniendo
Espectadores,
Que esperan anhelantes
Para realizar sueños.
Cristales adornan
Los frugales manjares.
Enjambre de buenos augurios
Amenizan las celebraciones.
Se enaltecen
Sentimientos de confraternidad.
Los ideales destacan
Altruísta gallardía.

LOS AEROPLANOS

Rugen las turbinas,
Vibra la planicie
Se prepara el vuelo.
Hay almas expectantes
Y sueños en camino.
Se inicia la jornada.
Tímida
Tra ncias.
En la lejanía
Se observa el
Panorama cual
Acuarelas serpenteantes;
Siluetas amorfas.
Se roza el
Diáfano firmamento.
Hay espirales de sol
El tiempo pasa
Cual ráfaga fugaz
Se acortan las distancias,
Desvanece el espejismo
Se devela la realidad.

LOS HERVÍBOROS

Espigos esmeralda
Alojados
En la llanura;
Hojas lancinadas
Como manto
Reposando en la
Inmensidad.
Los árboles soberanos
Vetustos
Contemplan la
Metamorfosis ecológica.
En lontananza
Merodeando esquivos
Los cercenadores
De la grama.
Descubren secretos y
Celebran su
Amistad con los
Terruños.
En sus requiebros
Construyen laberintos
Y exploran los
Recodos de la
Arcilla.

CIELO NÍTIDO

El cielo despliega
Majestuosa belleza
Profundo arrobamiento
Se orla con un
Manto de luz
Inspira sueños
Las nubes lo deslumbran
Desde su nicho
De gaza
Panorama embrujador
Impoluta
Creación de Dios
La naturaleza
Se recrea contemplándolo
Las montañas
Lo buscan
Los árboles
Lo hechizan
Las aves lo arrullan
Con su eterno
Canto
En lontananza
Adivinan su esplendor
En la placidez
Nocturna
Se adorna con
Luces estelares
Un disco destellante
Gira en el
Tendal celestial
Rindiéndole pleitesia.

LA SÍLICE

Inmóvil fragmento
De la tierra;
De arcilla mineral
Tu cuerpo descansa
En las superficies
Naturales
Rodeada de polvo,
Agua o grama.
Tu vida transcurre
Inadvertida.
Eres el bastión de la
Estructura pétrea;
Sin tu apoyo las
Montañas desmoronan
Eres centinela en
Noches taciturnas.
Milenaria vigilante delos
Días;
Brotas incandescente
En los volcanes.
Permaneces sumida
En ostracismo.

LA ESPUMA

Níveas flores
De ilusión,
Con reflejos de
Sol.
Efímeras como
Los suspiros.
Se mecen inadvertidas
Y navegan por
Rumbos de la
Brisa.
Viajan en rutas
Imprevistas;
Conquistando las
Olas;
Orlando castillos
Liquefactos.
Frágiles, etéreas
Doncellas fugitivas
Del tiempo
Danzan airosas como
Acróbatas sutiles.
Copian espirales
En el agua
Para entretener el
Infinito.
Enigmas de la
Naturaleza
En cofres de alabastro
Recamados de zafiros

LAS OLAS

Ondulantes serpentinas
Vibrantes de
Cinetismo;
Adornando la
Superficie acuática
En rítmico vaivén.
Se deslizan en
Espirales irrumpiendo
El paisaje,
Sorprendiendo la
Inmensidad.
Susurran melódicos
Arpegios.
Entonan liras que
Enternecen el
Celaje.
Revestidas de azul
Las hadas marinas
Danzan en mágico
Espejismo
Desplegando sus
Alas.
Deletéreas acrobacias.

REVIVIENDO EL PASADO

Hace días
Que no escribo
Versos para ti.
Mi lira descansa
En el regazo
De tu recuerdo.
Es un hermoso día
De primavera;
Mi pensamiento
Se remonta
Al mar.
La playa soleada,
La arena suave,
Las góndolas
Meciendo nuestros
Anhelos
Acarreando un
Futuro de ensueño.
Almas inseparables
Destinos entrelazados
Por sentimientos
Inmutables.

EL HADO

El tiempo
Estampa su sello
Imborrable,
Alegoría de
Sueños vividos;
Aflicciones sofocantes
Desfilando a la
Vera de la senda
Aliados a las horas
Dando colorido
Al discurrir
De los años;
Cubriendo de
Bruma el porvenir.
Hay estrellas con
Halos sublimes
Descifrando nuestra
Quimera
Por estepas
Incógnitas.

EPOPEYAS MARCIALES

Legiones de héroes
Surcando mares
Tormentosos
En naves de idealismo;
Impulsados por
La brisa de la
Justicia.
Iluminados por reflejos de
Paz.
Escudriñando horizontes
Deletéreos;
Encadenados por
Eslabones de
Promesas
En norias de
Emoción.
Desafiando imprevistos
Acechos
Hurañas sorpresas
Arriesgando la
Suerte
En la pesadumbre
De cruzadas acerbas
Delirantes de
Rutilantes galardones.

LAS ILUSIONES

¿Qué son
Las ilusiones?
Bandadas de anhelos
Que como palomas
Vuelan en la
Imaginación.
Son luz del
Horizonte
Egidas del
Transcurso
Del tiempo.
Despejan las sombras
De la nostalgia;
Y mantienen
Frescas las esperanzas.
Decoran el destino
Con flores de
Irrealidad;
Y alfombran
El camino
Con pétalos de
Fantasía.

DESTINO

Paso a paso
Recorro el destino
En su nave
De luz.
Me ha guiado
Por caminos errantes
Desde la alborada
De una niñez
Florida.
Me ha entretenido
El sol
Asomado
En el vitral
De las madrugadas;
Contemplado el
Esplendor
De las llanuras.
He escarpado
Montañas
Domado el mar.
He compartido
Mis anhelos
En la alegoría de
Amistades sinceras;
Me he reclinado
En el amor.
Navegado por
Diamantinos ríos
De la imaginación;
Remontado las
Cumbres de la
Fantasía.

He sido obnubilada
Por crepúsculos
Refulgentes;
Por galaxias
Iridiscentes;
Selene ha nimbado
Mi inspiración

DÍA DE ENSUEÑO

Está tranquilo
El día
Envuelto en
Bruma.
Un manto de
Llovizna cubre
La naturaleza;
Nubes aladas
Divagan en el
Infinito.
Florece la
Imaginación
El pensamiento
Desfila por rutas
Impolutas.
Invita auras
De meditación
Con aromas
De renovación.
Surcan las horas
En los giros
De la luz.

UN AMANECER

Era un día estival
Asomada en el vitral
De mi ventana
Me sorprendió
La luz de la
Mañana y el
Carmín de las rosas
Del jardín.
Que bellos panoramas
Dibuja la naturaleza
Despliega entretenidos
Diseños que realzan
El croquis
Reflejos matinales
Enajenante fantasía
Coronando el
Despertar de la
Secuencia
De las horas
Obnubilante se yergue
Cual menhires de
Acrisolados destellos.

TABERNÁCULO

Resguardas la
Esencia de Dios
Desde tus aposentos
Se ilumina el
Mundo espiritual
Has trascendido
Los siglos
Tu errante jornada
Ha imprimido el sello
De la Fe
Peregrinos del hado
Acicalan las
Elucubraciones del
Discernimiento
Con tu alianza
Despejas
Horas aciagas
Efusivo conduces
El arca
De vuestra apoteosis.

EL DESPERTAR

Una mañana
De madrugada
El sol asomaba
En el levante;
La naturaleza
Despertaba los sueños;
Las flores exhalaban
Prístina aroma;
El mar arrullaba
La espuma;
Los pescadores
Iniciaban la ronda
Izaban los veleros
En la ruta
Del día.
Lanzando el anzuelo
Acechando la suerte
En la profundidad
De las aguas
A cada instante.
Después de la
Jornada
Regresan al hogar
Con una carga
De saetas imbricadas
De escamas platinadas.
El paisaje permanece
Sereno, imperturbable.

EL SOL

Bello sol
Que alegras
Los días de la
Vida,
Llenándola de
Luz y claridad.
Surcas el
Vitral de la ventana
Y juegas con
Los colores
Del iris
Ven a solazar
El desfile
De las horas
Para dar calor
Al yerto invierno
Te esperamos
Al despertar
La aurora,
Eres compañero
De nuestra travesía
Peregrino viajero
Del empíreo.

PARAJES ALESTES

Ya asoma
La primavera.
El sol brilla
Descorre el
Cortejo de nubes
Azul turquesa
Cubre la Faz
De la tierra.
El viento fresco
Envuelve la naturaleza
Mece los
Sueños.
Navega el pensamiento
Por rutas de
Paz;
Hay flores en
Botón
Engalanándose de color.
Las aves
Preparan el retorno
Surcan sus lares.
Cual bandada de
Ilusiones
Destellando en el
Firmamento
Diáfanos
Cual cristales de
Granizo
Surcan latitudes
Reflejan su silueta
Alegrando
Coreográfico escenario

En transito
Interoceánico
Se contemplan
Vergeles enajenantes
Tachonados de
Cromático esplendor.
Cristalino espejismo
De remansos en
Lagunas entretenidas
En el glauco
Despliegue del
Follaje.

AMBIENTE TROPICAL

Resuenan las voces
De primavera.
Hay festejos
De alegría;
Las aves cantan
La humanidad
Despierta.
La canción de la
Brisa
Merodea por la
Llanura.
Se escucha
El arrullo de
La vertiente;
Cadejos de luz
Celebran la
Aurora.
El dia resplandece
Las flores
Se adornan
Con colores
Exhalan
Su perfume.

LA RUTINA DEL TIEMPO

Giran los sentimientos
En el alma:
La ansiedad del presente,
Las ilusiones del futuro
Los consignas del ayer.
Es un desfile de
Sueños
De enigmas proscritos
Hacinamiento de
Voluntades
Luchando por la
Sublimación;
Embebidos en designios
Autómatas
En un ámbito restringido
De ritmo acelerado.
El triunfo o la
Frustración
Lo decidirá Cronos
Basado en la
Perseverancia
La autenticidad
De la determinación.

CILAMPA

Se escucha
El rito
De la lluvia;
El rítmico vibrar;
Su melodioso suspiro.
Se observa
El salpicar
De los cristales del agua;
Se experimenta
La caricia
De la brizna;
La naturaleza
Se refresca.
Como una dadiva
Resaltara la transparencia
De la savia
Las flores
Engalanadas
De color
Pregonaran
La alegría
Del paisaje.

LAS AVES

Gráciles serpentinas
Radiantes de fantasía
Naves del cielo
Cruzan el espacio
En raudo vuelo
Dejando una estela
De ilusión.
Sus colores
Resaltan en la
Naturaleza
Cual joyas del Edén.
El melodioso
Trinar
Tiene eco en
El infinito.
La grácil figura
Extiende sus alas
Bajo la
Sombra
Brotan los ensueños.
Se alejan en
Invierno
Retornan a entrelazar
Sus nichos de
Primavera.

LA TEMPESTAD

Se escucha
El rigor
De la tempestad;
El desgranar
De la lluvia
El quejido
De las centellas
Hay coalescencia
De nubes
En la espesura.
Del atardecer.
Hay consternación
La brisa hace
Vibrar los ramajes,
Doblegar los arboles;
El huracán se pasea
Por los caminos
De la rutina.
La luz del día
Palidece
Migran las sombras
Divaga la quietud.

NUESTRO ENCUENTRO

Fue un oasis de
Felicidad.
Fugaces instantes compartidos
Eludiendo agobiante rutina
Esculpiendo nuevos
Recuerdos
Con cinceles de luz;
Desafiando el olvido
Con enlaces de ilusión.
Imposible evanecer
Las miríadas de amor
Que nos unen
Memorias expresadas
En la constante
Vivencia de los
Sueños.
Aun alejados por
La fuerza del destino
La ausencia es mitigada
Por realizada ambición.
Que unidos
En el pensamiento
Contemplemos
Vibrantes horizontes.

TU ALBORADA

Arribaste
En una aurora
Plácida y tranquila.
Decoraste el horizonte
Con festones
De alegría.
Fue tu despertar
Lluvia de luz;
El cielo florecía
En tu mirada.
Descansabas en tu
Mullida cuna
Irradiando solaz
Con tu dulzura.
Susurraban las Hadas
Mensajes de amor
En tus suspiros.
El tiempo pausaba
Para contemplarte
Sosegando el desgranar
De la clepsidra.
Una estrella
Titilaba en el infinito.

CELEBRANDO TU CUMPLEAÑOS

Edad iluminada
Por destellos
De anhelos realizados;
De quimeras vividas;
Ilusiones sosegadas.
Fuente de inspiración;
Reflexión de caminos
Recorridos
Con dignidad.
Dando honor al pasado;
Vislumbrando nuevas
Perspectivas;
Dando alas a los
Sueños.
Eslabón de la felicidad
Cimentado en la
Confianza en el
Porvenir y en
Bastiones de Fe.
Hay auroras
Expectantes
Tachonando el futuro.

ALADAS ILUSIONES

Airosas ilusiones
Capullos del devenir
Pasajeras de
Nuestro diario vivir.
Navegan en el
Destino
Como espumas
Viajeras
Dando auge
A la existencia.
Florecerán con
El correr del
Tiempo cual
Eco de realización.
Aunque los años
Transcurran inexorables
Hay siempre
Un anhelo
Titilando en el
Porvenir,
Henchido de
Expectación.

DIOS

Tú bendices
Las viandas y
Compartes el pan
Indicas la senda;
Das luz a las
Almas.
Provees entereza
Desvaneces
Los trances
De la vida.
Vistes las flores
De color;
Cubres con destellos
El sol;
De transparencia
El cielo.
Pintas glauco
La naturaleza
Dotas de
Grandiosidad
El océano.
Premias la bondad
Desdeñas el mal.

MEDITACIÓN

El día esta
Brumoso, sereno.
El cielo descansa
Más allá de
Las nubes
De la lluvia.
La naturaleza
Esta expectante;
Todo invita a la
Meditación.
A recordar las
Horas felices
De la infancia,
Mimada por el
Cariño de mis padres.
¿Como olvidar las
Auroras brillantes
Contempladas desde
El mirador de la colina?
La ciudad callada
El despertar de las
Ilusiones;
El jeroglífico
De las horas.

LA DIARIA ZAGA

El día esta
Despejado.
El sol ilumina
Con sus visos
Dorados.
Amaina la
Melancolía.
Hay alegría
Renace la
Esperanza.
Los recuerdos
Se agolpan en el
Pensamiento.
Vibra con vehemencia
El ardor en la
Votiva de superación.
Se labora la
Rutina del día
Se prepara el porvenir.
Brilla en el horizonte
La gema del
Deber cumplido.

TU RECUERDO

Tantas veces
Me sorprende
Tu recuerdo
Haciendo vibrar
La fimbria
De emoción
Con recóndita
Armonía.
Diana de ensoñación.
Una mirada al ayer
Los lazos del pasado
Encadenando
Emociones aun palpitantes;
Resuenan en los
Pasajes peregrinos
Con ecos lisonjeros
Disipando
La melancolía
Haciendo florecer
Nuevos augurios
En jardines
Edénicos.

EL CIELO

La trasparencia de
Tu ropaje
Decora los confines
Del infinito.
Te adornas con luces
De fantasía
En noches insondables;
Das alas a los
Sueños
Y arrullas el amor.
En la magnificencia
De tus dominios
Se forjan las
Epopeyas de la
Libertad.
El sol gira
En el escenario
De los días
Al ritmo de tus
Designios.
Te acompaña
El sequito
De naves
Que preside
La marcha sideral.

HILOS LUMINOSOS

Ánforas de luz
Que acompañan
El develar de las
Horas
Alegrando los escenarios
Habituales, mágicos,
Giran al ritmo
De la cadencia
De inesperados
Desafíos.
Fluyen como
Cascadas bullentes;
Hipnotizan
Los pasajeros
De la epopeya
Transcontinental
Son heraldos
De furtivos
Sortilegios
Plétoras alabastrinas
De ensoñadores
Atardeceres
Que evanecen
La penumbra como
Presagios de la
Noche.

SONRISA DE LOS NIÑOS

Espontanea expresión
De dulces emociones.
Ritmos cantarinos
Que vibran en la
Hélice del tiempo.
Resuenan en el
Ámbito la hilaridad;
Conjuran el espectro
De las desavenencias;
Acarician remanso
De alegrías.
Repican
En el campanario
De los sentimientos.
Que nunca
Desvanezcan,
Que acompañen
Los espirales
De la vida,
Recorran esteros
Impolutos;
Celebren
La magnificencia
De la existencia.
Que sean
Alabanza de Dios.

LA AMISTAD

He cantado
Al amor
Sentimiento que
Hace vibrar la fimbria
De emoción.
He venerado la amistad
Nicho de solidaridad
Que salva los escollos
De antagonismos
En la personalidad.
Manantial de altruismo,
Loable fuente
De encomio.
Enlace de afecto,
Enternece la
Confidencia
Florece en el espejismo
De oasis de bondad
Lumbre con reflejos
Indelebles
Que despeja las sombras
De incomprensión.

EL MAR

He tenido las olas
Cautivas;
La espuma ha acicalado
Mi desafío.
He conquistado la
Profundidad del mar
Obnubilada por su
Iridiscencia;
Extasiada en su
Policroísmo
El tiempo trascurre
Inadvertido.
Recorro el sendero
De los arrecifes
Buscando las
Ninfas marinas.
Admirando las
Medusas;
Colectando estrellas
Oceánicas.
Sumergida en la
Ficción
Contemplo la fauna
Acuática
Colecto perlas
Nacaradas
Para aderezar
Mi arrobamiento.
La góndola
Me conduce a la
Playa
Donde espera la
Realidad.

LA TELEVISIÓN

Plasmadas briznas
De luz;
Sombras dicroicas
Girando al azar
Bajo la refracción
Cristalina.
Cruzan inadvertidas
Simulando pasajes
De la realidad.
Destellan en,
Aljófares irídeos
Delineadas fantasías
Que inesperadas
Presentan
En secuencia
Leyendas
Relatadas en la
Infancia.
Con el correr del
Tiempo palidecen;
Empero, adornan
Las memorias
De antaño.

EL AROMA

Vaporosa fragancia
Serena violeta
Efímera fantasía;
Floral ilusión
Que perfuma
Las alhambras
De la eternidad.
Esparces en el
Infinito
Tus querubes
Que viajan en
Auras imperceptibles.
Transeúnte sideral;
Efluvios míticos
De mágica potestad;
Nihilica burbuja
Que adorna
La frágil veleidad
Del orgullo.
Te mimetizas con
El céfiro.

LOS RÍOS

Cintas platinadas
Merodeando la sierra;
Adornan el cauce
Coronadas con
Rizos de espuma.
Tejen risueñas
Cascadas
Cuentan los misterios
Geológicos
Danzan con la
Neblina.
Sorprenden las riveras
Con sus melodiosas
Rimas;
Descansan en las
Llanuras
Se entretienen en los
Bosques
Alaban la pétrea
Serpa
Protegen
Sus plantíos.
Son baluartes de la
Piscicultura
Modelan la fimbria
Acuática...

AMENIDAD

Airosas sonrisas
Que decoran la
Mañana
Con campanas de
Alegría.
Trazan la pauta
Del día.
Dan la bienvenida
A la luz astral.
Siguen las rutinas
Cual fieles amigas.
Sigilosas aderezan
La estancia
Del tiempo
Sellan el
Hito del enigma.
¡Ah! si las sonrisas
Fueran indelebles
Y con su melodioso
Dejo diáfanas
Resarcir el
Acerbo tiempo,
Sería una dádiva
Del Hado
Para alabar la
Hilaridad
Suspiros del ayer
Alienando la
Mella del hastió.

DELICIAS DE LA NIÑEZ

Entretenida en
Las horas
Jugué con
Árboles
Sin medida
Bajo cuyo follaje
Recorrí las
Montañas
En mi infancia.
Compartí la floresta
Con las aves.
Vi ofidios
Serpentear en la
Llanura.
Aferrada
A mi corcel
Hendí las
Espiras de la
Brisa;
Dome la
Espuma de los
Ríos.
Doblegué
Obeliscos volcánicos.
Acaricié el
Palpitar
De la lluvia.
En vestigios de
Parques arqueológicos
Remonté el origen
De la idolatría.

Mimetizada con
La alegría ambiental
He pregonado
El fervor a
Dios.

TABERNÁCULO

Resguardas la
Esencia de
Dios.
Desde tus aposentos
Se ilumina el
Mundo espiritual.
Has trascendido
Los siglos.
Tu errante jornada
Ha imprimido
El sello
De la Fe.
Peregrinos del
Hado
Acicalan los
Recónditos lares
Del discernimiento.
Con tu alianza
Despejas
Horas aciagas.
Efusivo aferras
El arca
De vuestra
Apoteosis.

EL DEVANAR DE LA TARDE

El sol radiante
Declina en el
Atardecer
La naturaleza vibra
Al calor de sus
Rayos.
Las actividades se
Proyectan
En el engranaje
Del tiempo.
El pensamiento discurre
En su eterno
Divagar.
En el relente el
Día engrana.
Como serpentinas
Que han girado en las
Horas.
Bandadas de ilusiones
Preparan el vuelo.
Aljofares de sombras
Surcan la penumbra
Para migrar al
Mundo de los
Sueños.

ANHELOS

Para Ligia

Quieres hablar con
Mi abuelita?
Me dijo una voz niña
En la distancia
Minimizada por la
Tecnología.
¡No! ......¡No!
Pensé decir;
¡Si! ......¡Si!
Reflexioné
Si es que somos
Una generación de
Antaño.
Se escapan los años
En el torbellino
Del tiempo
Como rayos de luz
En un vórtice
De cristal
El presente es una ilusión
Un estigma en la existencia
Limitado
Las huellas del pasado
Se han borrado.
¿El futuro es una
Visión
A dónde iremos a
Recordar los anhelos
De la vida?
Vibrantes en la elipse
De los años.

El hogar que acogió
Nuestra niñez.
Emporio de servicio a
La humanidad.
Honor de ser
Baluarte de
Fe
Que ilumina los
Días.
Umbral de infinito
Regocijo.
Que brille el
Optimismo y
La felicidad sea
Reflejo del horizonte.

HONOR A MI PADRE

Agustín
Contemplaron tu
Dedicación
Las horas de los
Días.
Tus palabras desgranaron
Sabios legados.
Tu constante protección
Salvaguardo nuestro
Beneplácito.
Señalaste el derrotero
Como estrella radiante;
Guiaste el entendimiento
Por los parajes de la
Realidad.
Fuiste faro que
Trascendió nébulas
De duda.
Tutela de nuestro
Destino.
Eres la inspiración
Imbricada en el
Lema paradigma
De virtud.
Tu devoción al
Hogar
No tiene parangón.
Tus máximas se
Esculpieron con
Perennes arquetipos
En libelos desplegados
En los menhires
Del tiempo.

LOS DROMEDARIOS

Anacoretas del
Desierto.
Desafiando el
Ardoroso sol
Con pausada calma
Recorren las distancias.
Llevan un estigma
De pesares.
Con mirada inquisidora
Escudriñan
La refrescante pausa
Para calmar la sed.
Los seduce el
Espejismo del oasis.
Cansados de la
Travesía y polvorientos
En la arena descansan
La silueta.
Solitarios en su
Ámbito
De aridez y cielo
Yacen melancólicos
Esperando los
Designios de la
Suerte.

EL EMPIRIO

Sueño azul
Que cultivo
Vergeles encantados
En el sortilegio de
Mi juventud.
Que hechizo el
Horizonte
Relumbrante plasmo el
Parnaso de mi
Inspiración
Diáfana ojiva;
Nave de luz.
Perenne ensoñación.
En tus dominios
Resplandece la
Majestad Divina.
Hay galaxias
Entretenidas en tu
Magnitud.
Tesoros titilantes
Enigmática tutela
De nuestro hado.
Contemplándote
Se venera
Tu magnanimidad.

COLECTORES DE RESIDUOS

Honor a una
Ardua labor
Desde el amanecer
Hasta la placidez
Del crepúsculo
Los héroes de la
Nitidez
Rondan enmarañados
Surcos del destino
En busca de
Innominados recipientes.
La intemperie los
Alberga
El sol lacera
Se mimetizan con
La nieve.
Su fatiga levita
En la brisa.
La lluvia roza
Inexpugnable.
El rigor de la
Jornada
Aloja las horas
Con dignidad
Ejecutan incumbencias.
Los prados lucen
Más decorativos.
Los antejardines
Más vibrantes.
La sociedad debe
Celebrar su tesón.

LA INFANCIA

Moradores del
Porvenir
Viajeros de
Inciertas lontananzas
Forjadores de
Innatas sorpresas
Merodean en el interludio
De la perspectiva
Remontan las
Cumbres ignotas
Del optimismo.
Travesía de la
Incertidumbre.
Pausado despertar.
Auroras de mansedumbre,
Promisorio devenir.
Silente germinar
De los anhelos.
Advenimiento del
Razonamiento.
Mágico encanto;
Progreso asertivo;
Hay presagios inesperados
En la vera
De la senda.

LA AMAPOLA

Emulas el color
De los rayos
De sol.
Descollas en el
Dechado versicolor
De los jardines.
Entretienes el
Eterno devanar
Del paisaje.
En tu reposada
Mansedumbre.
Se enajenan
Las erinias.
Te meces
Al vaivén de
Recóndita expectación.
Dialogas con el
Eco del céfiro
Los secretos
Enigmas
Que traducen
El mensaje del
Tiempo.

VIVENCIAS

Un hito en el
Camino
Para mirar al pasado.
Los sueños
De la niñez
Deslumbrantes a la
Vera del destino.
Los amigos de la
Infancia
Acompañando
Nuestra alborada
El amor de hogar
Despejando las sombras.
Lazos filiales
Encadenando los
Eslabones
De la suerte;
Capullos de amistad
Dando color
A los jardines
De la vida;
Legendario enigma
Palpitar de los
Recuerdos.

REFLEJOS

Auras de ventura;
Frescos vuelos de
Memorias
Aguerridas
En tránsito fugaz.
Reviven añoranzas;
Efímeras quimeras;
Ecos con legendario
Lustre
Que sellan la
Inscripción
De los recuerdos.
Huellas
Que evocan promesas
Rigen timbres
Indescifrables
Manantial
De sentimientos
Aferrados al tiempo;
Cantigas de
Fantasías.

HELAJE

Noche glacial
Infundiendo trémulo
Divagar
De las constelaciones.
Solo un rayo
De luna
Para iluminar el
Mítico carruaje
De la oscuridad.
Alegrar las sombras;
Deleitar los
Pasajeros nocturnos;
Rondar la serenidad
Apaciguar
Las inquietudes
Diseñar el
Arquetipo de la
Mansedumbre.
Musitar arrullos
En la alborada.
Contemplar la
Harmonía
Celestial.

LAS FILIGRANAS

Enigmáticas;
Contornadas
Como premoniciones
Del Hado.
Fibrillas imbricadas
En recamado encaje
Ornando
Decorativos dijes
Para hechizo
De la vanidad.
De humilde cuna;
Aljofares entretenidos
En el ostracismo
De la arcilla.
Gratificación
De las riveras.
Tímidas asoman
Ocultando sus galas.
Acrisoladas en las
Piras
De los cantones
Son maleadas
Con atavíos fulgurantes
Que destellan
En la altivez
De los aderezos.

DEMARCADOS HORIZONTES

Vivir la magia
De los sueños
Briznas de ilusión
Estirpes de la
Irrealidad
Dispersas en los azares
De la suerte.
Compartir augurios
Enarbolados en el
Hito de la
Fantasía;
Quimeras traducen
Los arquetipos
De la imaginación.
El destino
Predestina
Rígidos caracteres
Evolviendo en
La comedia
De la vida;
Imprimiendo
Huellas imborrables
De las jornadas
Inscritas en
La estela
Del destino.

CONSPIRACIÓN

Aliadas lontananzas;
Sombras lucíferas;
Maquiavélica
Fantasía.
Ermitaños alucinantes.
Malévolos episodios
En el imperio
Del temor.
Alienación del
Honor;
Coartación de la
Libertad;
Elación vociferante.
Disidentes elaboraciones;
Conjeturas erróneas;
Dilatorias promesas.
Acechos del destino.
Tergiversación de la
Verdad.
Peligros sobresaltando
La existencia.
Vituperios.
Elegías obligatorias;
Sufrida desolación;
Infinita tristeza;
Inoportuna realidad.

HEROICA ODISEA

La vejez es un
Tesoro de entereza
Que destella en la
Magnanimidad
De la jornada
Un faro que designa
El umbral para la
Posteridad
Honor esculpido en
Gruta estelar.
Alhambra de dignidad
Que erige
Bastiones de equidad.
Diana de emulación.
Baluarte perdurable
En la consigna
Que proclama la
Epopeya de las
Civilizaciones.

SUTIL EMOCIÓN

El amor es una
Alhaja
Que eleva la humanidad
A las prístinas cumbres
De la nobleza.
Enaltece el transito
Por los designios
Providenciales.
Irradia destellos
De convivencia
Uniendo las almas
En mística jornada.
Conlleva generosidad.
Olvida obstinación
En alas de comunes
Anhelos.
Cantigas de promesas
Ofrecidas al bienestar,
Proclama generosidad.
Prodiga altruismo.
Reclama entrega.
Ferviente inmolación
De sentimientos
Que giran
Inmutables
En el torrente que
Cierne tras auras de
Devoción.
Presintiendo
Fulgurantes horizontes.

RUTAS CÁLIDAS

Hojas de Otoño
Vuelan buscando
Dimensión desconocida
Migran eludiendo
Azares del invierno
Su savia tiñe
Irisadas inscripciones
Con quejas de
Astrales rumbos
Eslabones del tiempo
Que reflejan
La estancia
Del sol
Antípodas del verano
Pasajeros en
Designios galácticos
Disolutos peregrinos
Esclavos de gravitación
Cosmológica
Innovadores de la zaga
La potestad
De Cronos
Convocan ancilares
Premisas que modulan
El engranaje sideral.

PERDURABLE AMISTAD

Para Gustavo

La alborada de
Nuestra juventud
Peregrinos de equinoccios
Pasajeros de sendas
Predestinadas
Buscando resolución
A incógnitas del
Razonamiento
Escalar las cumbres
De la certeza.
El sol de la esperanza
Brillaba en el porvenir.
Fortuito encuentro
En los remansos
Académicos
Travesía de la
Veracidad
En pos de primaveras
En secuencia.
Recorrimos los
Salones del deber.
En horas de dedicación
Velamos por
La salud de los
Pacientes.
Obtuvimos el galardón
De su ventura.
Así floreció la amistad
Que unirá por siempre
Nuestros pensamientos.

SORTILEGIO DE LA REALIDAD

Liras vibrantes
Himno de la jornada;
Canciones de Paz
Como armonías inscritas
En el pentagrama.
Ondas sonoras
Pregonando
Ecos de la verdad.
Desde el enigma
Imbuido en el Éter
Hasta la cúspide
Del progreso
Hito en el tiempo.
Carátula
Rubricando los
Epicentros de la
Evolución.
El misterio del
Cinetismo.
Designios Providenciales
Rigiendo
La esencia
De la existencia.
El sincronismo del
Orbe;
La magnanimidad
Astral.

CALENDARIO

Apoteosis del
Tiempo;
Surcas inadvertido
La mística senda
Del destino
Desde la alborada
Hasta el infinito.
Paladín de
Trascendentes
Hazañas;
Desdeñas los
Oprobios y
Compartes los
Designios
Inherentes al
Paradigma
De la Omnipotencia
Imperecedera de
Dios.
En tu Epopeya
Has esculpido
Los oníricos
Ideales.
Noria de
Mirificas odiseas
Que han rubricado
El peregrinaje
Cronológico

DESPLIEGUE POLICROMADO

Manantial de alegría
La nitidez del cielo
Contemplar el diorama
De alborada.
El sol iluminando
Los parajes
En la pausada
Ronda Edenica
Acariciando el
Inmensurable donaire
Del follaje;
La ironía de
Montañas erguidas
Desplegando sus
Arrogantes cúpulas.
Deleite en el
Perenne arrullo
De las cascadas
En su distante
Divagar
Coronadas de
Irídeas níveas.
La mansedumbre de
Los lagos
En taciturna
Calma.
Ilimitado éxtasis
Del mar
Con su ondulada
Fantasía.

Gladys Depoveda

UMBRÍA DE REALIDAD

Sombras cubriendo
La actividad colectiva.
Rutas de lágrimas
Surcadas por
Inocentes víctimas.
Sortilegios de negatividad
Acechando la felicidad.
La bondad vencida
Por argucias.
Clamorosas protestas
Evanecen ante
Certeza de injusticias.
Prolongadas
Horas de dolor
Cual dardos hiriendo la
Sensibilidad,
Integridad personal.
Espectros de violencia,
Percances lamentables,
Barreras erigidas
Por la inconsciencia de
Perturbadas imaginaciones.
Eclipses de la razón;
Erosión de derechos humanos.
Cráteres donde
La fragilidad y nimiedad
De sorprendidos espectadores
Quedan silenciadas;
Alienadas por la
Deshonestidad y avaricia
De quienes trocan
Rectitud por la

Futilidad de
Pecuniarios gajes.
Efímeras ganancias.
Se eleven plegarias
Para mitigar el sufrimiento
Aliviar las quejas
Consolar
Transidos sentimientos;
Acallar las amenazas,
Promulgar la virtud,
Entronizar la Paz.
Que las sonrisas
Retornen y arrullen
La santidad de
Los hogares.
Efusivos agasajos
Reflejen cordialidad.
Himnos de Libertad
Presidan la apoteosis
De las civilizaciones.

LA NIÑEZ

Onírica elipse
Prístina fantasía
Florece cual capullos,
Que crezcan sin el temor
De deshojados pétalos.
En apoteosis promisorias
Motivando el destello
De rutilantes ilusiones.
Inspirados en paradigmas
De enaltecidos mitos
Remontan cúspides en
Los eslabones del
Optimismo
Inmarcesibles hégiras
Por las alamedas
De la juventud.
Cual místicas Aónides
Ungiendo los destinos
En rutilante travesía
Hechiza los sortilegios
De alegórica sublimación.

RECUERDOS DEL PASADO

Amor:
Hace tanto que no
Rozas mi piel
Desde las noches sin regazo de realidad
Días umbríos
Que me negaron el derecho a soñar
Enjambre de libelos
De tu partida.
Los días son añoranza
Pesares los recuerdos
Alienando el olvido.
Escuchando quejas de
La despedida
Seguiré las huellas
Del camino que
Nunca recorrimos
Escucharé tu nombre
En la evocación
De los parajes
En tibio lecho
De los sueños
Descansará mi pena.

PREDESTINADOS

1989

El céfiro llamo al portal
Y susurró tu nombre.
No era un delirio onírico
Era la melodía de tu recuerdo
Frescas como las esperanzas
De amaneceres tropicales
Tiernas como caricias
De las olas
Enigmáticas como nuestro futuro
Inspiradas por un amor sincero.
Se han cansado los caminos
De soportar la espera.
Los pedestales del ensueño
Han sucumbido ante la
Realidad
Cuando tu navío surca las olas
Mis sueños transitan
Sendas de eternidad.
Por los enmarañados surcos
Del destino.
Tomados de la mano
Enfrentamos nuestra realidad
Esculpida en incógnitos
Desafíos
Prístinos encantos.
Quise invadir tu soledad
Calmar tu nostalgia con
Mis versos
Fatigar el hastío
De tu tristeza

Con anhelos vehementes.
Solo debo esperar
Del sol sus tibios besos
La caricia de la brisa
La sombra del ciprés
Que compartimos
Compañía de una furtiva lágrima
¿Por qué estar triste?
Si hay aroma en las
Flores que aun tienen
Tu nombre
Tu retrato se refleja
En el espejismo de
Mis ilusiones.

PRISTINOS VERSOS

Contemplábamos juntos
Retazos del paisaje.
Allá en lontananza
El sol desvanecía
El amor en tus ojos
Ternura de mi anhelo
Iluminaba el dulce
Vibrar de mi esperanza.
Testigos de nuestro amor
Las musas y el firmamento
Trémula el alma
De ansiedad sedienta
Holocausto de amor
El corazón.
Las penas se disipan
En tus besos
La ilusión da realidad
A mis sueños
La serenidad
Orla la ruta
De las horas
Es todo lo que
He soñado.

A TRAVÉS DE MI VITRAL

Efigies de madera
Vestidas de desnudez
Desafiando la
Intemperie
Esperando el
Gélido beso
Vernal.
Con trémulos
Glaucos helitros
Emulando cipreses
Se yerguen
Orgullosos
Suspirando por
Tibios destellos
De sol
Que rescate su
Timidez
Y lo cubra con
Las tiernas preseas
De la savia
Para contemplar los
Irisados pétalos
En extasiantes
Cantigas.

Gladys Depoveda

FLORES DEL PASADO

Para Isabel Lindo y Yolanda

He aprisionado
El tiempo
Recorrido huellas
Que me condujeron a
Memorables aulas
Destellantes en las
Tutelas de mi
Juventud
Ámbitos que promovieron
El anhelo inherente
A luminosos
Horizontes de mi
Inspiración.
Ha esculpido
Efigies Quiméricas
En retablos líricos
Amistades entrañables
Con irisados pétalos
Corolas de sinceridad.

Colegio María Auxiliador Bogotá

JURAMENTO DE DEVOCIÓN

Me extasiaren la
Fantasía de la
Alborada
Para izar el sol
De la esperanza
Hay que vivir
Con altivez
Atesorar las preseas
Que orlan
El devanar de la
Existencia.
Escalar la cumbre
De los ideales
Contemplar
La magnificencia
De la Providencia
Que ha iluminado
Los fanales
Del destino
Ha predestinado
Las familias
Para compartir
La tutela
Con hidalgos
Que han impreso
Paradigmas de
Honor y de Virtud
Sellado con orgullo
Las huellas
Impresas en
La ruta
Del tiempo

Eco que debe
Resonar en el
Horizonte
Con sonrisas
Que armonizan
El porvenir.

ELUCUBRACIONES

En la espesura
Del silencio
Contemplaba la
Timidez de las
Quimeras.
Desafiaba el
Espejismo
De emoción
Que invadía
El valle de
Recuerdos.
Ambulaba por
Los caminos
De la irrealidad
Continuaba
La travesía
Iniciada con
Presagios de
Optimismo
Venciendo la
Premura
A la zaga
De ráfagas
Que conducían
La nave de
El tiempo.

RECUERDOS INFANTILES

Fragancia del
Ayer
Remembranza
De los días
Pasajeros
Del sol
Luminosos bastiones
Inmarcesible
Hazaña que
Contemplada desde
Traslúcida
Panorámica
Ungió los
Sutiles estandartes
Con vestigios
De la alborada
Que con cinceles
De emoción
Esculpieron paradigmas
Que centelleantes
Han refulgido
En la vorágine
De hidalguía
Que rubricados
Mensajeros de
Nuestra estirpe
Amalgama de
Sentimientos
Embargan destellos
Cristalinos.
Efluvios delirantes.

FRUSTRADAS ILUSIONES

Nuestras vidas
Han pasado
Fugaces
Se han imbuido
En la devoción
A los deberes.
Se ha esfumado
En el lapso de las
Horas
En la danza
Infinita
De los sueños.
Como tenue briza
Rozo nuestro destino
Seguimos en pos
De efímeros
Destellos en la
Senda.
El calendario
Deshojo
Trémulos pétalos
Tapizando con
Tristeza la distancia.
Fugitivos recuerdos
Han despertado;
Nuestro ardiente amor
Ha renacido.

PRIVACIDAD

Enclaustrados
Remansos de la
Vida.
Pasajes inéditos
Pertenecientes a la
Fimbria de la
Intimidad.
Altivos sentimientos,
Sublimes emociones,
Velos traslucidos
Donde aun
Los vítreos rayos
Esquivan la mirada
Santuario de
Confidencia.
Reservados
Testigos de las
Sombras;
Arquetipos que
Nunca vieron las
Palabras.
Efigies esculpidas con
Cinceles de fantasía;
Inéditos pasajes de la
Realidad;
Tradiciones en la
Reseña de
Hazañas de la
Estirpe.

PLEGARIA

La humanidad
Proclame
Prístinas alabanzas
De contemplación.
Votivas donde
Se inmolen la
Fe y la esperanza
Fervientes devociones
Se hinquen
Ante la majestad
Benevolente.
Se rinda pleitesía
A la nobleza.
Hidalguía
Vogue en el orbe
La honestidad
Sea infalible.
El llanto sea
Proscrito.
La ecuanimidad
Se entronice
En ánforas vibrantes
Pactos reconciliantes
Dobleguen la osadía.
Se comparta
La opulencia
Con la nimiedad.

UN NUEVO DÍA

Despiertan
Los capullos
Cual crisálidas
Iniciando su
Vagaroso despliegue
Hay suspenso
Festivo
La neblina
Risueña danza
Con los fanales
De la aurora
Acrisolados
Visos
Filtran la
Veleidosidad
De una ilusión
Cual perla
Que arriba
En su nicho
Nacarado
La diana
Trina en los
Acordes de la
Madrugada
Con melodiosos
Arrullos
Saludando el
Adalid
De América

OPTIMO IDEAL

Mientras las palabras
Tengan un motivo
Y la fragancia
Esparza sus
Delicadas briznas
Para adornar los
Visos de la
Fantasía;
La poesía
Titilara en cada
Pensamiento
Capullos florecerán
En el Horizonte
En las alboradas
Despertara una
Esperanza
Como yedra
Que busca su
Existencia y
Se arraiga al
Dosel del
Futuro
Los ideales
Extenderán su
Predominancia
En las panaceas
De las promesas.

Gladys Depoveda

ENFORZADORES DE LA LEY

Arriesgando la
Vida
Desde la alborada
Hasta la
Vislumbre del
Amanecer
Sin tregua los
Soberanos del
Bienestar
Salva guardando las
Vidas
Rescatando la
Paz
Impasibles a los
Peligros
Asaltos
Detrimentos
En todos los
Eslabones de la
Senda
Incomparable dedicación
Heroísmo
Desplegado en su
Actitud
Honran los
Paradigmas de su
Devoción
Proceden a
Recorrer los
Predios de la
Comunidad
Siguiendo

Huellas de
Trasgresores de la
Ley
Evitando lágrimas
Procurando que las
Sonrisas
Hagan eco en los
Destinos de los
Compatriotas.

AGENDA DE INSPIRACIÓN

Una ilusión
Que espera en
Ánfora de fantasía
Acompañando el
Giro de la vida
Quisiera compartir
Eslabones del destino
Con pétalos en
Corolas de ensoñación.
Acechaban los
Designios de la
Suerte
Caireles de lo
Imposible
En la penumbra
De la realidad
Espera la sorpresa
De jardines
Con irídeas
De elaboraciones
Que han florecido
En ánforas de
Propósitos nobles
Serán alabanza al
Ahínco
Permanecerán
Como votivas
Del progreso
Cuya lumbre
Enaltezca
Honre la tenacidad
Presea de devoción.

VAGUEDAD

La belleza
Se esfuma
En la maraña
De la rutina.
La realidad
Embarca en su
Viaje por
Mares asíntotas
Guiada por
Faros nihilísticos
Decanta en
Riveras sin
Cauce
En anclas
Efímeras
Prosigue su
Rumbo solitario
Al vaivén de
Olas
En anclas
Efímeras.
Al aivén de
Olas
Desiertas
Pausa en
Puertos
Sin apariencia
Espera en el
Bullicio del
Silencio.

ESTAMPAS CAMPESTRES

Rizos cristalinos
Decorando las
Vertientes que
Se filtran en la
Espesura.
Riveras
Contemplativas.
Raíces que inciertas
Descifran los
Misterios de
La arcilla.
Cofres de
Sílice
Reposando inadvertidas
En la intemperie.
Centinelas del
Paraje geodésico
Colinas dispersas
En la orla de las
Planicies
Ávidas de las
Preseas de
Campos labrantíos
Gacelas rondando
Los predios
Tránsito de
Carrozas.
Pasajeros de
Caminos convolutos.

www.ingramcontent.com/pod-product-compliance
Lightning Source LLC
LaVergne TN
LVHW091559060526
838200LV00036B/905